Flora von Bistram

Licht und Schatten

Herstellung und Verlag:

BoD - Books on Demand, Norderstedt

ISBN 978-3-7347-4184-5

Flora von Bistram

Licht und Schatten

II

Gedichte aus den Jahren 1970 bis 2014

Ich widme mein Buch all jenen,

die mich mögen und lieben,

und ich möchte ihnen

mit diesem Buch dafür danken

dass sie mich so annehmen,

wie ich bin.

Flora

Jahreszeiten

Frühling

Lenz

Wie singt der Wind so süß sein Lied
weich fliegt es mir ins Herz.
Es tanzt das Bächlein silberhell
die trunkensüße Terz,

die mir die Hoffnung neu besingt,
mit Morgentau umkränzt.
Das Morgenlicht den Tag erklimmt
weil es so herrlich lenzt.

1993

Mit den Staren

Mit den Staren kommt er wieder,
strahlend hell auf seinem Ross,
sträubt verknautschtes Buntgefieder,
lockt mit Wärme jeden Spross.
Schnee verrinnt in Erdesspalten,
wenn der Jüngling ihn berührt.
Schnell wird die Natur entfalten
was an Farben ihr gebührt.

Schon vorbei die Dunkelklagen,
alle freudig vorwärts sehn,
wenn die Weiden lindgrün tragen,
auf den Wiesen Blumen steh'n.
Und die Welt genießt das Beben
unter seinem leuchtend Stab,
Frühling schenkt erneut das Leben,
schickt den Winter in sein Grab.

Frühlingsreigen

Zwingend flüstert,

ruft und fordert

die uralte Stimme ihr „Erwachet!"

Treibend, sprießend,

drängt und streckt,

das wintermüde Dunkel abschüttelnd,

Blatt für Blatt

und Stiel für Stiel

dem wärmenden, lockenden Licht entgegen,

um den Reigen

des Lebens erneut

in berauschenden Farben zu tanzen.

Frühlingsgefühle

Vollkommen trunken
von des Weißdorns Düften,
von der Kirschblüten Weiß
das Auge fast blind.
Die Ohren betäubt
von Musik in den Lüften,
lässt mich verharren
wie ein staunendes Kind.

Die Sonne befingert
ganz warm mein Gesicht.
Mit Schmetterlingsküssen
umfängt mich ein Hauch.
Die Zeit steht ganz still
und ich atme nur Licht.
Ich fühle den Frühling,
das Kribbeln im Bauch.

Sonnensehnsucht

War es wirklich denn erst gestern,
dass ich von den Glöckchen sang,
die sich aus der Erde reckten,
von der Vogelstimmen Klang?

Scharfer Wind bog um die Ecken,
knickte Glöckchens zarten Fuß,
schickte aus tiefdunklen Wolken
einen dichten Flockengruß.

Frost umklammert unsre Felder,
schließt den See hermetisch ab,
futterlos sind auch die Wälder,
Schnee ist unsrer Tiere Grab.

Lasst uns auf den Frühling hoffen

der nun endlich kommen muss,

sehnsuchtsvoll steh'n Herzen offen,

warten auf den Sonnenkuss.

Zweige blühen in den Vasen,

in den Töpfen Tausendschön.

harter Schnee liegt auf dem Rasen.

Winter woll'n wir nicht mehr sehn.

Frühlingsbrisen

Frühlingszarte Brisen küssen starre Kronen,
die frostgepeinigt sich zum Himmel heben
und plötzlich, wie ein freudiges Belohnen,
da brechen auf die Knospen im Erbeben,

weil sie sich lange schon nach Wärme sehnen.
Aus allen Bodenfalten kriechen grüne Spitzen,
die sich nun strecken und im Lichte dehnen,
das Leben dringt herauf aus allen Ritzen.

Wo Morgenregendüfte Winterstarres streicheln
und Windesflüstern auch die Vogelwelt erweckt,
wo Sonnenstäubchentänze Flora streicheln,
dort hab den Frühling ich für mich entdeckt.

Sonnenaufgang

Orange, gelb und rosa, ein klein wenig blau,
mit Wolkenfetzen von weiß bis hellgrau,
leuchtet der Himmel am Frühlingsmorgen
und hält uns den Tag nicht länger verborgen.

Erwachende Sonne die Nacht verdrängt,
mild ist die Luft, die mich streichelnd umfängt.
Wenn ich im Feld den Tag still begrüße,
umschmeicheln mich Düfte voll zarter Süße.

Gelöst breite ich weit meine Arme aus,
sing wie ein Kind meine Freude heraus,
umarme die Welt, empfange das Glück
und kehre beschwingt in den Alltag zurück.

Nicht der Richtige

Ich schwelge in des Lenzes Wonne,

lob sprießend Grün an Busch und Baum,

empfang beglückt den Kuss der Sonne;

azurner Himmel, Frühlingstraum.

Du siehst mich Stirne runzelnd an,

grinst breit, rufst laut:" Ist das denn neu?

das ist doch jährlich so, stets dann,

wenn Winter um ist!" Ohne Scheu

lachst du mich aus, die Poesie,

die sich mir zeigt im Neubeginn,

die Jahresweben - Harmonie

rührt niemals dich an. Deinen Sinn

den richtest du auf das Profane,

auf Zahlen - Wert, der greifbar ist.

Nun weiß ich, was ich lang schon ahne,

dass du für mich kein Partner bist.

Sommer

Sommer-Sonnen-Sinfonie

Sonnenwarmes Gras

wie Samt unter meinen Füßen

Sonnengetränkte Luft

anschmiegsam wie Seide auf der Haut

Sonnenspielendes Licht im

Lachen und Funkeln der Augen

Berauschende Düfte

Sonnentanz der Blüten im Wind

Gesänge von Vögeln und Natur

Sommer-Sonnen-Sinfonie

Sommerballade

Ich ruhte, entspannte am plätschernden Bach,
vor Blicken geschützt unter grünendem Dach.
Wie oft habe ich diesen Platz schon gewählt,
wenn lärmende Hektik mich schmerzhaft gequält.

Ich lieb diese Orte und finde schnell Ruh,
Gezwitscher und Rauschen...ich höre still zu.
Seh' ich dann das Dörfchen, dort unten im Tal,
dann wird alles Schwere im Leben egal.

Erinnerungsweben mit magischem Duft
lässt mich leicht erbeben in säuselnder Luft.
Es zeigt sich am Waldrand, umflossen von Licht,
was mein Herz vorgaukelt – dein liebes Gesicht.

So lausch ich mit Lächeln dem plätschernden Bach
und schaue versonnen dem Schattenbild nach.
Der Wellen Kantate entstand hier am Ort,
die Lieder der Nornen, sie zogen dich fort.

Wir hatten uns so an die Treffen gewöhnt,
die Stunden der Freuden im Herzen ersehnt.
Die Zeit hat es an sich, zu schnell zu vergehn,
belebend die Hoffnung, uns wieder zu sehn.

Umduftet von Blüten hast du mich geküsst,
derweil uns Waldsänger mit Liedern gegrüßt.
Und während ein Lüftchen die Wiese durchstrich
erlebten wir Leben, du mich und ich dich.

Die liebende Sehnsucht, erinnerungsschwer
verflog in den Jahren, ich fühl sie nicht mehr.
Vergangen die Liebe, die wir nie bereut,
doch bleibt uns das Ahnen der traumhaften Zeit.

Sommer

Drunten im Tal,

wo die Äcker nun grün

hab ich den Sommer

heut tanzen geseh'n,

bunt war sein Kleid

und sein Haar glänzend gold,

er winkte mir zu,

mit dem Lächeln so hold.

Sonnenstrahlen

Wärmende Finger

die streicheln

heiße Lippen

die berühren

Atem

Hauch

der versengt

Flammen

die verbrennen

Leben gebend

Leben nehmend

einfach nur

Sonnenstrahlen

Oh Rosen, ihr Gottesgeschenke

Heut früh hab ich in meinem Garten
ein Leuchten und Funkeln gesehn,
es war an der Hecke am Rande,
wo lange die Rosen schon stehn.

Ich folgte gebannt diesen Lichtern,
ein Summen lag froh in der Luft,
Insekten umschwebten die Beete,
gelockt von betörendem Duft.

Die Tropfen des Frühsommer-Regens
besetzten die Blüten mit Glanz,
voll Anmut und lieblichster Schönheit
entstand diamantener Kranz.

Drei Birken

Stehen dort am Bach drei Birken
leuchten hell im Sonnenschein
wiegen sich in Windes Wirken
laden zum Verweilen ein.
Spenden Schatten, fächeln Kühle,
wispern dich in sanfte Ruh,
fernes Klappern von der Mühle
gibt den leisen Takt dazu.

Die Libellen, goldbuntfunkelnd,
fliegen ihren Hochzeitstanz.
Wassertropfen in der Sonne-
Regenbogen – Wellentanz.
Sanft erklingen Hoffnungsweisen
froh gestimmter Vogelschar,
die des Schöpfers Wunder preisen,
das was kommt, was ist und war.

Der alte Kirschbaum

Ich gehe durch verlass'nes Land,
verschlungen stehen Kraut und Blumen,
zerborsten ist schon lang die Wand
des Hauses und die dunklen Krumen

der Erde liegen hart und schwer,
doch sehe ich im Nähergehen,
mit Zweigen, völlig blätterleer,
den dürren Kirschenbaum dort stehen.

Die Stimme seufzt im leichten Wind:
„Oh bitte, hör und lass mich fragen
wo meine ganzen Kräfte sind?
Ich möchte wieder Blüten tragen!

Ich möcht der Kinder Jubel sehn,

ihr Klettern fühlen in den Zweigen,

wenn blutrot dann die Kirschen steh'n,

will ich für sie die Äste neigen."

Ganz zart berühr' ich Ast um Ast,

umarme ihn dann voll Erbarmen.

Fühl rau und rissig, schmerzend fast,

die harte Rinde an den Armen.

„Sei ruhig, bleib ruhig, nimm Kraft von mir,

davon kann ich so viel verschenken,

vielleicht kann meine Liebe dir

die Lebenssäfte zweigwärts lenken."

Nach Tagen geh ich durch die Au,

erlebe tief das Frühlingsgrüßen.

Als ich zum alten Kirschbaum schau

seh glücklich ich die Knospen sprießen.

Dann neulich rief er mir laut zu:

„Schau her, ich habe mich bemüht,

den Lebensspender riefest du."

Ganz herrlich war ein Zweig erblüht!

Und nun steckt er geballte Kraft

in einen Ast, der Kirschen zeigt.

Beweis, dass man noch vieles schafft,

sogar, wenn sich das Leben neigt.

*

Atem des Sommers

Ein Gotteshauch

ließ für uns

die Blumen duften

Sonnenheimat

Die Hitze lässt lähmend das Land erstarren
mit Trägheit impft flirrend die Mittagsglut.
Bougainvillea Duft lässt uns still verharren-
die Frische im Schatten tut unendlich gut.

Wir lauschen dem Meer, dem Wellengesang
das grünblau und perlend sein Lied für uns singt.
Verharren im Schatten, wir warten so lang,
bis fliehender Tag kühles Lüftchen uns bringt.

Sommerabschiedsbilder

In den braunen Ackerfurchen
liegt ein letztes Sonnenfunkeln,
dieses hebt geleerten Boden
noch einmal aus dem Verdunkeln.

Sinfonie der warmen Farben
klingt für uns durch Berg und Tal,
bringt, bevor wir winterdarben,
bunte Freuden ohne Zahl.

Schmeichelweich umweht von Düften
lauschen wir den Ernterufen,
Vogeljauchzen in den Lüften,
Stampfen tönt von Pferdehufen.

Würzig schmiegt die Abendluft
sich ganz sanft in mein Erinnern.
Käuzchen durch die Dämm'rung ruft,
Spechte ihre Höhle zimmern.

Dort am Waldrand, voller Wonne,
seh ich Herbstzeitlose blühen.
Sieh, die letzte Abendsonne
lässt den Himmel rot erglühen.

Letzte Sommersonnenträume,
leises Rauschen, warmer Wind,
und die buntbelaubten Bäume
Sommerabschiedsbilder sind.

Herbst

Wie faltige Wangen aneinandergeschmiegt

rollen sich die welken Blätter ineinander

und im Sonnenstreichel- Abschied

lauschen sie auf die leisen Stimmen

die das Ahnen des kommenden Neuerstehen

sanft raunend durch die Welt tragen

Tanzen in den Wipfelkronen

In den Ästen will ich schwingen,
tanzen mit den Wipfelkronen.
Möchte in den Blättern wohnen,
hell das Herbstlied für sie singen.

Mit den Augen will ich trinken
diese Farben - voll Erstaunen
hören, wie sie leise raunen,
wenn sie sanft zur Erde sinken.

Voller Andacht will ich schweigen,
wenn sie leuchtend bunt sich drehen
und von ihrem Baum wegwehen,
mich vor dieser Pracht verneigen.

Sommersüß

Noch sommersüß schmeckt heut die Luft
und Beeren glühen in dem Hag.
Ein Kranichschwarm „nach Süden" ruft,
der Abschied schwingt sich durch den Tag.

Ein Blatt löst knisternd sich vom Baum,
weil es noch einmal tanzen will.
Der Wind trägt es zum Waldessaum.
Ich lausch den Reiseliedern still.

Letztes Blatt

Suchend irrt das
von Sommerfarben
noch trunkene Auge

Letztes buntes Blatt
fängt den Blick
nicht lange

Raschelnd sich lösend
aufgenommen
im Braun der Erde

Herbstfrieden

Ich trinke das Erleben,
rotgolden wie ich's mag,
aus dem Erlebensbecher
an Herbstes Sonnentag.

Die Schatten, hingeworfen
von buntgefärbtem Baum,
gibt manch' geheimem Winkel
der Phantasie den Raum,

den ich mir stets bewahre,
in dem die Stille klingt,
die mir und meiner Seele
den Frieden wiederbringt.

Farbenbunt

Voller Freude will ich laufen
durch den Park der Herrlichkeiten,
der mir alle Jahreszeiten
Farben zeigt, die nicht zu kaufen.
Wenn der Wind die Wipfelkronen
kraftvoll greift und fröhlich rüttelt,
bis die Blätter abgeschüttelt
möcht` ich in den Zweigen wohnen.

Mit den Blättern will ich fliegen
durch die Welt der bunten Farben,
über Fluss und Berg und Graben,
mich in letzter Sonne wiegen.
Wenn die letzten Strahlen sprühen,
Abschied nehmen ohne Kummer,
denn nach langem Winterschlummer
wird das Leben neu erblühen.

Kreislauf der Schöpfung

Ich mische die toten Blüten

mit ausgetanzten Blättern am Weg

und reibe sie klein in den Händen

Fragmente des Grün- und Blühlebens

werfe ich dem Eis- Wind zu

der sie in einen letzten Taumel trägt

Sie sinken in den Schoß der Erde

und es umfließt sie das Lied

vom Werden Vergehen Werden

dem Kreislauf der Schöpfung

Spinnen

Zauberin durchs ganze Jahr,
mancher Hausfrau zum Verdruss
webst und spinnst du wunderbar,
vor deiner Kunst mich neigen muss.

Im Morgentau sieht man sie funkeln,
wenn Sonnenlicht sich darin bricht,
verfängt sich gruselig im Dunkeln
darin, man sieht sie nachts ja nicht.

Ein Wunderwerk, das Netz von Spinnen,
elastisch wippend dort im Wind,
dem die Insekten nie entrinnen,
die einmal drin gefangen sind.

Novemberblues

Lass es nicht zu,

dass freudlose Momente

sich wie welke Blätter

auf die Seele legen

und das ganze Jahr

zum November stempeln.

Schau nach vorne und sieh

die hellen Lichter leuchten.

Nur wer die dunklen Schattierungen erlebte,

kann die bunten Farben tanzen.

Winter

Wintertraum

Da ist er wieder, dieser Duft ohne Geruch.

Wir nehmen ihn wahr, schmecken ihn,

denn er tanzt sich auf unsere Lippen,

auf unsere Haut.

Schneekristalle, geruch- geschmacklos

und doch geben sie uns den Hauch

der Weihnachtsstimmung.

Tanzende Flocken

geben unseren Füßen neuen Schwung,

prickelndes Leben,

wenn sie auf den heißen Wangen verglühen,

lassen die Haare verheißungsvoll schimmern,

wenn sie sich für Märchenmomente darin verfangen,

bevor sie sich zu Tränen wandeln und vergehen.

Und wir fühlen uns jung

in unseren Erinnerungen an den ersten Schnee.

Weihnachtswunsch

Wir singen von stiller und heiliger Nacht,
und während wir feiern, doch manch einer wacht:
die Mutter, die bangt um ihr sterbendes Kind,
der Nachtwanderer in dem eisigen Wind,

die Frau tief im Elend mit volltrunkenem Mann,
der Kranke, der möchte, doch nicht sterben kann,
der Arzt, tief gebeugt über'm Unfallpatient,
die Schwester, die auf jedes Klingeln hin rennt,

der Mensch auf der Wache im Feuerwehrhaus,
die Hüter des Rechts in Chaos und Staus,
ein einsamer Mensch, ohne Hoffnung und Geld,
Millionen von Hungernden auf dieser Welt,

die Menschen, den' Kriege alles genommen,

dann jene, die niemals wiedergekommen,

geraubt und geschändet, gefangen, gequält,

weil anderen Orts nicht die Menschlichkeit zählt.

Mein Wunsch, dass ein Jeder, der froh feiern kann

nur eine Minute mag denken daran.

Weihnachten für Alle?

Singt man nicht Stille und Heilige Nacht,
die Nacht, die laut Bibel den Frieden uns schenkt?
Hat sie denn die Welt wirklich besser gemacht,
Geschicke der Menschen ganz anders gelenkt?
Zeigt mir die Weihnacht, die nur Ruhe gebracht,
ohne dem Kaufrausch den Raum zu gewähren,
die Menschen, die stets auch an Jene gedacht,
die sich vor Hunger und Ängsten verzehren,

nach Frieden, der allen die Menschen bewahrt,
die dem Herzen so nah, doch durch Kriege zerstört,
der die Kraft aus der Stille auch dort offenbart,
wo zu selten das Lachen der Kinder man hört.
Reicht euch die Hände, geht aufeinander zu,
das eigene Ich soll nicht vorne steh'n
wir sind gefordert, ich und auch du,
nur so kann in Frieden die Menschheit bestehn.

Kristalle

Da steht er wieder mit weißem Gewand,

entlaubte Bäume verharren ganz still,

und pustet den kalten Atem ins Land,

dass alles um uns gleich erstarren will.

Weiße Kristalle umtanzen mich weich,

diamantengleich glitzernd im Haar,

Gedanken an früher erblitzen sogleich,

willkommen Herr Winter stets war.

Das alte Jahr

Ich hör ein müdes, leises Seufzen -
ihm lauschend bleib gespannt ich steh'n,
seh' hell und dunkel, fahl und bunt
gebeugt das Jahr von dannen geh'n.

Und sinnend halte ich noch Rast,
denk an sein Wirken kurz zurück,
so viel' Nuancen brachte es -
Freud', Schmerzen, Kummer, Glück.

Ganz still schau ich ihm lange nach,
nehm' meine Andacht hier allein,
bin dankbar für gelebte Zeit
stell auf das neue Jahr mich ein,

weiß, dass es nicht nur Freude bringt,

seh' auch das Leid in aller Welt,

verbeuge mich vor jeder Hand,

die tröstend eine andere hält.

Laut wird begrüßt das junge Jahr,

das strahlend einzieht, Hoffnung schenkt,

doch Freude, Glück und Sonnenzeit

gibt der, der unser Leben lenkt.

Das neue Jahr

Das Jahr hat nun begonnen
hat seinen Lauf genommen
was es wohl bringen mag?
Wir hoffen ganz im Stillen
dass Wünsche sich erfüllen,
ohn' Grund für Schmerz und Klag'.

Das Frühjahr soll uns bringen,
worum im Herz wir ringen,
das Glück, es sei uns hold
und gönne uns das Lieben,
von dem die Dichter schrieben,
das sei mehr wert als Gold.

Der Sommer schenk' uns Rosen,
das Turteln und Liebkosen,
bevor die Zeit verrinnt.

Doch dann, ganz in der Frühen,
wenn wir zu sehr erglühen
schick er uns sanften Wind.

Im Herbst vergeht das Blühen.
Bevor wir heimwärts ziehen,
uns reiche Ernte grüßt.

Noch ahnen wir kein Ende,
weil vor der Lebenswende
er farbenfroh uns küsst.

Der Winter sagt uns leise:
hier endet eure Reise,
ein Sehnen bleibt allein:

dass nach dem frohen Walten,
wir unsre Hände halten
und Stille hüllt uns ein.

Winterende

War es wirklich denn erst gestern,
dass ich von den Glöckchen sang,
die sich aus der Erde reckten,
von der Vogelstimmen Klang?

Scharfer Wind bog um die Ecken,
knickte Glöckchens zarten Fuß,
schickte aus tiefdunklen Wolken
einen dichten Flockengruß.

Frost umklammert unsre Felder,
schließt den See hermetisch ab,
futterlos sind auch die Wälder,
Schnee ist unsrer Tiere Grab.

Lasst uns auf den Frühling hoffen

der nun endlich kommen muss,

sehnsuchtsvoll stehn Herzen offen,

warten auf den Sonnenkuss.

Zweige blühen in den Vasen,

in den Töpfen Tausendschön.

harter Schnee liegt auf dem Rasen.

Winter woll'n wir nicht mehr sehn.

Tag und Nacht

In den gold'nen Morgenstunden

In den gold'nen Morgenstunden
singt das Bächlein seine Lieder
und der Sonne Strahlenfinger
küsst die Nebelschleier nieder.

Vogelsang mit frohen Weisen
löst sich aus dem nächtlich' Raunen.
Ich verhalte meine Schritte
fühle tiefstes Andachtsstaunen.

Schon erwacht der Waldes Atem,
in dem klangerfüllten Weben.
Horch, ein jeder Ton und Hauch
wispert fröhlich: das ist Leben.

Erwachen

Wenn des Morgenlichtes Lächeln
Dunkels Vorhang hell durchbricht,
öffnen sich die Blütenkelche,
streben hin zum Sonnenlicht.

Horch, das Schweigen in den Auen
flieht den hellen Vogelsang,
und die Weide an dem Bächlein
wiegt sich sanft zu Windes Klang.

Perlend Tau noch silbern schimmert,
tausend Düfte wachen auf,
kleine Wellen fröhlich springen,
Tag beginnt nun seinen Lauf.

Alle Morgenglocken läuten

erreichen stets Ohr und Herz
derer, die hoffend schauen
voll Glauben himmelwärts.

Der Nächte betend Schweigen,
durchbrochen in Moll und Dur
von denen, die singend rufen
weit über grünlächelnde Flur.

Der Sonne stilles Malen,
geführt von Gotteshand
setzt Horizont und Wolken
in rotgoldenen Himmelsbrand.

Des Windes sanftes Streicheln,
gehaucht mit warmem Mund,
lässt Menschen leicht erbeben
im buntschimmernden Grund.

Nebellieder

Nebellieder will ich tanzen
Schleier um die Schultern tragen
Licht in meine Haare flechten
winterweiß die Tage singen

Schnee und Kälte freudig trotzen
ofenwarm in meinem Haus
Flocken kussheiß schmelzen lassen
lippendurstig Haut an Haut

Wenn der Tag zur Ruhe geht

Wenn sich der Tag zur Ruhe legt,
das helle Licht dem Dunkel weicht,
wenn sanftes Mondlicht mich erreicht,
der Frieden ganz mein Sein bewegt.

Auf meiner Bank an meinem See,
der golden schimmernd vor mir liegt,
ein Schwan sich noch im Wasser wiegt,
Gefieder, leuchtend weiß wie Schnee.

Und perlend sprühen kleine Tropfen,
sich schüttelnd er den Teich verlässt,
den bunten Specht vor seinem Nest
hör lange ich noch emsig klopfen.

Ich lasse Sehnsucht in mein Sinnen,

lausch in den Wald und mich hinein,

bleib gerne träumend hier allein

und fühl des wahren Lebens Stimmen.

Dann sehe ich dem Mond froh zu,

wie stetig er die Bahnen zieht,

und jede Sorge mich dann flieht,

so find ich mich und komm zur Ruh.

Nacht

Im schwarzsamtenen Kleid

mit Sternen bestickt

tanzt die Nacht

geschmückt mit Perlen

aus nächtlichem Tau

Auf moosigen Pfaden

geben sich Elfen und Trolle

ein mondbeschienenes Stelldichein

zur Musik der Zweige im Wind

den klagend doch warm schwingenden

Rufen von Eule und Kauz,

dem rhythmischen Flüstern und Wispern

in Gras und Busch

Schleier der Nymphen wehen

im aufsteigenden Nebel,

zur ewigen Melodie

von Nacht zum Tag

Nacht wird Tag

Die Nacht setzt sich ins Sternenhaar
den silbermatten Mondesreif
und breitet ihren Mantel aus,
der dunkelsamtig niederschwebt.

Erst wenn der junge Tag sich schmückt
mit rosa-rot-orang'nem Kranz,
verhüllt sich die Lyridenschar
und gibt dem Licht den Raum.

Wiesengeister knüpfen Ketten,
Perlenschnüre, Silbernetze
und ein sanfter Morgenwind
lässt Sonnenstrahl im Wasser tanzen.

Dank an die Nacht

Einsamer Weg,

im Mondlicht taumelnde Falter,

die sich in meinen Haaren

strampelnd verfangen.

Baumarme, gestreckte Finger

himmelwärts weisend,

raschelnde Nachtgeister in der Hecke,

Glühwürmchen, ihr Kleinen,

mit euren leuchtenden Fackeln,

ein klagender Ton, ein Käuzchen wacht

und es treten, vorsichtig witternd,

Rehe auf die lockende Lichtung,

die dann friedlich äsend mich nicht bemerken.

Wunderschöne, berührende, allumfassende Nachtwelt,

in denen alle Wesenheiten

der Schöpfung mich umfliegen,

mit ihrem Zauber meinem Herzen Welten öffnen,

die meinen Augen bisher verborgen geblieben sind,

mich endlich wieder tief atmen lassen

in der lauen, von Blütenduft geschwängerten Stille,

die dennoch voller geheimnisvoller Laute ist.

Elfen, Zwerge, Trolle, Feen und Engel

erstehen auf aus den Erinnerungen

der Träume meiner Kindheit, die mich leben ließen,

mich beschützten, mir Wege zeigten

aus abgrundtiefem Schmerz und größter Verzweiflung,

mir durch das Licht

den Glauben an Führung erhielten,

im allerschwärzesten Dunkel

meines Suchens nach des Lebens

großer Wahrheit und Erklärung.

Himmel und Erde

Wieder so eine

samtblaue Nacht

mit Sternenmuster

auf ihrer Bettdecke,

die sich seidig

um uns schmiegt.

Wind, der - uns

kaschmirweich umhüllend-

sein Abendlied einstimmt

in das verhallende

Geflüster der Natur.

Gold fließt warm

aus Mondes Blick.

Umarmung von

Tag und Nacht und Tag,

Himmel und Erde.

Ein blaues Tuch

webt die Nacht,

bestickt mit es

goldenen Lichtern aus

Sehnsucht und Verlangen

malt purpurnen Horizont

Und still wandernder Mond

meißelt Liebende in Alabaster.

Im milden Schimmer

steigt der Duft der Liebe

himmelwärts.

Hörst du das Rauschen

des Ozeans der Lust?

Glück und Frohsinn

Ich wurde schon lachend geboren
ein zahnloses Freuen, von Ohr zu Ohr,
ich habe es auch nicht verloren,
das Lächeln herrscht heute noch vor.

Egal, was passierte zu jeglicher Zeit,
ein Lächeln, ich schwör's Euch,
von Sorgen befreit.

Glücksgefühle

Schmetterlingsflügelgleich

berühren sie dich

Scheu wie die Rehe

fliehen sie

Doch bleibt

die stete Hoffnung

Denn sie kommen

immer wieder

die Rehe

die Schmetterlinge

die Glücksgefühle

Frohsinn

Lass uns tanzen auf den Dächern
hüpfen über Mondgestein,
lass uns lachen, kosen, scherzen,
einfach wie die Kinder sein.
Auf Geländern balancieren,
in den Büschen still verstecken,
Stelzenlaufen ausprobieren
und den Frohsinn neu entdecken.

Komm und spring mit aus dem Heute,
das mitunter trist erscheint,
in die Leichtigkeit der Freude,
einfach nur vergnügt vereint.
Fliegen, auf dem Rücken liegend,
mit den Wolken und dem Wind,
Wellen lauschen, sanft uns wiegend,
bis wir eingeschlafen sind

Tanzen,

Musik atmen,

lustvoll aufnehmen

Schweißperlen schmecken.

Schemenhaft gleiten

Menschen vorbei

und ich drehe und drehe

mich um mich.

Einmal nicht für euch.

Glück in Farben tauchen

Lass uns das Glück in Farben tauchen

mit Küssen regenbogenbunt

Die Freude rot in Wolken schreiben

uns lieben samtigwarm und weich

Will Sehnsucht in den Sand eingraben

mit dir gemeinsam Hand in Hand

Vertrauen wie ein Zelt aufbauen

und glauben an Beständigkeit

Kleiner Mensch – Großes Wunder

Ganz still wird um mich her die Welt,

die nicht mehr zählt, wenn ich dich seh,

jedweder Kummer von mir fällt,

vor Glück wird mir ums Herz ganz weh,

denn lange war die Zeit bis heut,

bis du das Licht der Welt erblickt,

wir haben uns auf dich gefreut

und sind unendlich tief beglückt.

Es reihen sich Unendlichkeiten,

wo Seelen sich mit Seelen binden,

jahrhundertlange Ewigkeiten -

in denen wir uns wiederfinden-

geknüpft als wundersames Netz

an welchem Schicksalsnornen weben,

durch gestern, morgen und im Jetzt,

zu dem Kokon, zu unserm Leben.

Engelkuss

Wenn ein Kind geboren wurde,

tritt ein Engel

an das Bett des schlafenden Kindes,

beugt sich vor

und küsst es sanft auf den Mund.

So verschenken Engel das Lächeln.

Denkt daran,

wenn ihr ein Baby im Schlaf

lächeln seht.

Zeigt der Welt

euer Engelsgeschenk jeden Tag

und lächelt

Wie ein Blatt

Wie ein Blatt im lauen Winde
schweb ich lautlos, weich und sacht
auf den Schwingen meiner Träume,
gleite durch die stille Nacht.
Tausend kleine weiße Perlen
steigen auf aus tiefer See
kosen prickelnd meine Sinne,
wecken mich von Kopf bis Zeh.

Ich rutsche auf dem Regenbogen
voller Lust und atemlos,
schillernd strahlt das bunte Leuchten
alles wird bedeutungslos.
Flieg hinauf zum Sternenhimmel
streife zart den Silbermond,
ruh mich aus auf weißen Wolken
weil auf ihnen Frieden wohnt

Entspannung

Heißer Atem des Sandes

Sonnenküsse heiß und brennend

Verlockend die Akazien am Rande

Baumschattenfinger sanft kühlend

Die Bank lädt ein zum Verweilen

Lauschen ins Flüstern des Meers

Zikadenwerben macht die Lider schwer

Gedankenwelten verschieben sich

Abgleiten in wohlige Entspannung

Glücksklee

Lange, lange sah ich nicht,

was ich heut gesehn

sein Gesicht mir zugewandt

tief versteckt im Grün.

Ja, ein Glücksklee lacht mich an

und schon griff ich froh nach ihm,

doch ich ließ ihn glücklich stehn,

dass auch Andere ihn sehn.

Meine Kommode des Glücks

Ich habe mir eine Kommode gebaut,
eine kleine Kommode des Glücks,
mit vielen Fächern und Schüben drin
die alle beschriftet sind.
Dort lege ich täglich Momente ab,
die Licht in das Leben gebracht.
Sortiert nach den Farben und nach Gefühl,
umbändert, gefaltet, und manche gerollt.

Wenn ich einmal furchtbar traurig bin,
ich grübel und fühle mich schlecht
und bilde mir ein und denke für mich,
das Glück ist mir gar nicht mehr hold,
dann öffne ich sachte und voller Dank,
weil ich weiß, da finde ich Trost,
die kleinen Schübe im Kommodenschrank.
Dann werd ich vom Glück ganz umhüllt.

Leid und Trost

Einsamkeit

Keine Jacke, kein Mantel

können dick genug sein

um ein in Einsamkeit

frierendes Herz zu wärmen.

Öffnet euch und eure Sinne

um so einem Anderen

Feuer zu sein.

Melancholie

Durch Deine Augen

spricht Deine Seele,

ich möchte eintauchen

auf deren Grund,

um den Schmerz zu finden,

mitzunehmen.

Ein kleines Pflänzchen

Hoffnung will ich setzen,

damit die Augen nicht mehr

kalte Sonne der Traurigkeit,

sondern das glühende Feuer

der Freude spiegeln.

Heimat

Tief im Herzen eingebrannt
ist ein Sehnen allerorten.
Uns als Heimweh oft benannt-
öffnet es die Seelenpforten.

Fest verwurzelt ist das Leben,
kreisend stets um jenen Ort,
und die Sehnsucht steht daneben,
mussten wir von dort einst fort.

Was prägt nur dies Schmerzes- Fühlen,
das nicht jeder in sich trägt,
das mit tiefem, wehem Wühlen
unser Denken sehr geprägt.

Dort ist diese alte Sippe,
der kein andrer Ort bekannt,
eine andre durch Jahrhundert'
wanderte von Land zu Land.

So erscheint der Heimat Licht
für die einen extra hell,
doch die Andren fühlen's nicht,
sie treibt es stets von der Stell.

Und man singt der Heimat Lieder,
mancher sucht sie, wenn er fern.
Im Erinnern leuchtet vielen
ganz vertraut der Heimat Stern.

Dort schien unsre Sonne heller
freundlicher der Menschen Wort.
Dreht sich hier die Welt auch schneller,
nie bin ich im Fühlen fort.

Letzter Abschied

Welch ein hartes, wehes Beben,
welche Macht und doch so still,
als ob Schmetterlinge schweben,
wenn die Seele weinen will.

Deine bleichen Lippen schweigen,
sagen nie mehr zärtlich „Du"
Deine schönen warmen Augen
zwinkern mir nun nie mehr zu.

Sonnenstäubchen tanzen Reigen
auf dem Bett und an der Wand,
Flöten höre ich und Geigen –
lausche ihnen wie gebannt.

Schluchzend nehm' ich deine Hände

hab sie inniglich geküsst.

Stehe vor des Leben Wende

weil du still gegangen bist.

Der Himmel öffnet weit die Tür,

denn deine Seele will nach Haus,

und tränenblind steh ich vor dir -

doch lasse ich sie still hinaus.

Trost

Schau ich durch diese Fensterscheibe,
dann grüßt von fern ein Himmelsstück,
es ruft mir zu, dass mir doch bleibe
das Fünkchen Hoffnung auf das Glück,

zeigt Wolken mir in ihrem Tanz,
die sich vom Winde treiben lassen,
doch krönend in dem Strahlenkranz
muss alles vor dem Licht verblassen,

das leuchtend unsern Tag erhellt,
das Kraft und Leben schenkt auf Erden,
die Sonne ward für uns bestellt,
dass unsre Herzen heller werden.

Wenn dann der Schein am Abend bricht,

noch einmal blitzt am Horizont,

dann wechselt sich das Himmelslicht,

es leuchten Sterne und der Mond.

Und Frieden füllt das fragend' Herz,

die Freude kehrt ganz leise ein,

spielt plötzlich eine andre Terz

und Schlaf hüllt heilend mich dann ein.

Mein Wunsch und Wille

Lasst nicht zu, dass ich noch leide,

hört euch hier mein Bitten an.

Meine Hoffnung war nur immer,

dass ich schmerzfrei sterben kann.

Und die Schläuche, Apparate -

haltet sie von mir nur fern,

ohne Kraft zur Selbstbestimmung

kann ich mich nicht selber wehr'n.

Einzig Einer kann ermessen,

wann der Tod mir ist bestimmt.

Bitte lasst nicht Technik walten,

weil sie mir die Würde nimmt.

Schaut, dass ich nicht lange leide,

Schmerzenzfreiheit schenket mir.

Mit hellwachen, klaren Sinnen

schrieb ich meinen Willen hier.

Wenn im Fluss der Erdenzeit

die Gedanken sich verirren,

und im Kreis der Endlichkeit

scheint das Leben zu verwirren,

dann sei freundlich, stör mich nicht,

wenn mein Geist das Heute bricht.

Fern der Welt, die Leistung sieht,

werde ich gern froh verweilen.

Kälte mir ins Herz heut zieht,

denke ich an das Beeilen,

das in seinen Bann uns schlägt,

nur Profit im Herzen trägt,

um den Jeder sich bemüht,

sucht, ihn ständig zu erlangen,

während Glück am Wegrand blüht.

Mich erfassen Angst und Bangen

vor der Kälte dieser Zeit.

Gefühle in Vergessenheit.

Für den Freund

Ein Mensch, zu früh gegangen,
für uns klingt nach sein Wort,
lebendig, stets voll Hoffnung.
Er ist nicht wirklich fort.

Wir danken für die Stunden,
die du mit uns verbracht,
geredet und geschwiegen
und gerne froh gelacht.

Lasst einen Kreis uns bilden,
und er ist mittendrin.
Wir sahen Jahre weichen,
erfragen Todes Sinn,

der oft so unvermittelt

zu früh uns Freunde raubt.

Nur der kann Antwort finden,

der an ein Jenseits glaubt.

Die Zeit, sie schließt die Wunden,

doch heilt sie diese nicht,

denn leisestes Erinnern

macht, dass die Wunde bricht.

Trauert nicht

Gebt mir Freude, wenn ich gehe
mit auf meinen letzten Weg
denn in dieser fühl ich Leben,
sie ist für mich fester Steg.

Spielt für mich die alten Lieder,
tanzt, wenn ich es nicht mehr kann.
Schaut mich durch die Wolkenbilder
immer wieder freudig an.

Hört mich in dem Blätterrauschen,
hier in unserm Buchenwald,
lächelt zu des Kuckucks Rufen
wenn es durch den Frühling schallt.

Seht den Mohn im Kornfeld leuchten,
hört der Lerche helles Lied.

Lebt bewusst das ganze Leben,
hadert nicht, was auch geschieht.

Springt durch Pfützen, schwimmt durch Wellen,
raschelt euch durch Herbstes Laub.
Auch wenn vieles sich mal ändert,
alles wird hier nicht zu Staub.

Eines kann euch keiner nehmen,
und zwar die Erinnerung.
Lasst sie tief im Herzen blühen,
leuchten in der Dämmerung.

Denkt an unsre Märchenstunden,
an die Freuden auch im Spiel,
an die stillen Kuschelrunden,
einfach lieben war mein Ziel.

Singt die alten Abendlieder,

die ich immer für euch sang

auch für eure Kinder wieder.

Harmonie im Stimmenklang,

werde ich dann mitempfinden,

tief in euren Herzen drin,

seelenfest mit euch verbunden,

ganz egal, wo ich dann bin.

Ich gehe behütet

Ich steh vor der goldenen Pforte,
nach endlos erscheinender Zeit.
Es trugen mich stets deine Worte
von endendem Kummer und Leid.

Getragen von jubelndem Singen
zieht es mich sanft- zwingend empor.
Voll Sehnsucht nach all meinem Ringen
erreich ich das hell leuchtende Tor.

Lass mich deine Gnade erfassen
und klar deine Ordnung verstehn,
dann kann das Gewes'ne verblassen
voll Klarheit im Herzen wir sehn.

Ich lege mich in deine Hände
weit gleitet das Irdische fort
Du bist die Allmacht, die Wende,
ich neige mich froh deinem Wort.

Wenn du geh'n musst

Sei beruhigt und bleibe furchtlos,
denn noch ist dein Ende weit.
Sieh, ich sitze heute bei dir,
teile mit dir meine Zeit.

So wie du, als ich noch Kind war,
standest manche Zeit mir bei,
so will ich nun nah bei dir sein,
Anderes ist einerlei.

Gib mir deine kalten Hände,
komm, ich wärme sie dir gern,
schau, am Himmel leuchtet wieder
unser gold'ner Märchenstern.

Gabst ihn mir als Überraschung,

einmal, als ich ängstlich war,

heute biet' ich zur Begleitung

ihn für deinen Heimgang dar.

Er soll leuchten, wenn du geh'n musst,

dir - um deinen Weg zu finden

mir - um dich dann still zu grüßen,

Liebe schicken mit den Winden.

Du gingst ganz still

mit einem Lächeln im Gesicht,

das den Regen innehalten ließ,

und es erstrahlte ein Regenbogen.

Als der Regenbogen verblasste,

kam der Vogel Seelenfrieden.

Er trug dich auf sanften Schwingen

weit über die sieben Weltmeere.

Behutsam setzte er dich

an den Rand des Lichtes.

Du tratest hinein

und fühltest dich geborgen.

Ich habe deinen Namen

in den Wind gerufen,

nun wird er ihn weitertragen

durch die Sphären

und er wird ihn singen

in seinem Lied für die Sterne.

So wird das Erinnern an dich

als Melodie

durch die Ewigkeiten schwingen.

Dein Tod ist die Grenze deines Lebens,

aber nicht das Ende der Liebe.

Kraft und Stärke

Öffne deine Hände

strecke sie dem Licht entgegen

Empfange die Kraft

die in allem Sein liegt

Wasch ab die Schmerzen

und die Qualen des Gestern

in den Fluten des Wassers

dem Ursprung alles Lebens

Wenn Licht dich durchdringt

werden dir neue Kräfte erwachsen

die dich bestehen lassen

Mein Leuchtturm

Mein Leuchtturm in der Nacht,
entzündet von höherer Macht,
weist immer mir den rechten Weg,
dass ich nicht strauchel an jedem Steg,
des Lebens Fallstricke leicht umgehe
und stets mein Ziel vor den Augen sehe.

Du gehst heim

Du möchtest nur schlafen
und gar nichts mehr tun,
lebst still im Vergang'nen,
hast Zeit, nun zu ruhn.

An was magst du denken,
was siehst du denn nur,
wenn du so lieb lächelst -
Erinnerungsspur?

Vorbei sind die Zeiten
von Krieg, Not und Flucht,
doch Plätze der Kindheit
sind heimweh-gesucht.

Mit suchenden Fingern
ertastest du Halt,
ich nehm deine Hände,
sie sind ja so kalt.

Das Leben will enden,
du schläfst friedlich ein.
Ich schluck meine Tränen,
will hemmend nicht sein,

lass Raum deiner Seele,
die heimwärts nun schwingt
und in mir, ganz leise,
das Lied von uns klingt.

Wir finden den Weg

Sanftheit sei dein Ich,

wenn du den Ängstlichen begegnest,

denn sie fliehen das grobe Wort.

Schützend sei deine Hand,

die du über die breitest,

die hilflos der Bosheit ausgeliefert sind.

Führend zeig den Weg denen,

die um sich schlagen, zerstören,

da sie nie Bewahren lernten.

Gütig sei dein Blick, damit sich Seelen dir öffnen,

die zum Selbstschutz verschlossen wurden.

Wärme strahle aus,

das hilft den im Herzen Frierenden,

darin Kraft zu finden und weiter zu geben.

Liebe verteile großzügig

an Alle, die du damit erreichst,

denn nur in der selbstlosen Liebe

finden wir unseren gemeinsamen Weg.

Kraftspenden

Rot- goldener Schimmer liegt über dem Meer,

das glitzernd und schäumend den Sonnenkuss trinkt,

erbleichende Nacht in das Sphärenbett sinkt,

nimmt mit sich der Wolken grau wogendes Heer.

Im Zauber des Morgens, der Strand menschenleer,

verlockt mich das Wasser, das rauschend mir winkt,

das mich jubelnd aufnimmt, im Sonnenlicht blinkt.

Getragen von Wellen, was wünsch ich mir mehr?

Vergesse ich treibend all meine Schmerzen,

erkämpfe mir lächelnd stets neu jeden Tag

nicht achtend derer, die Alles nur schwärzen.

Ich wünsch ihnen Frieden, so gut ich's vermag.

Durchschwimme ich kraftvoll die offene Pforte,

verlass ich gestärkt diese Kraftspende– Orte.

Unendlichkeit

In der Unendlichkeit eines Traums,
beim Betrachten tausender Sterne,
im stillen Umarmen eines Baums,
doch auch bei Reisen in die Ferne,

kommen Gedanken, Sternschnuppen gleich,
wehen dich fort aus Raum und aus Zeit,
halten dich sinnend, erinnerungsreich,
hüllen Erlebtes in ein neues Kleid.

Und wenn du erwachst, dann ist Frieden in dir.
Gestärkt, voller Glück siehst du ein -
es öffnet sich uns stets eine neue Tür
jedoch hindurchgehen musst du allein.

Der letzte Weg

Verzweiflung schweigt aus deinen Blicken
mich seelentief berührend sprechend an,
betroffen stets von menschlichen Geschicken
zieht dieses Leid mich immer in den Bann.
Dein zart-verblühtes Antlitz lässt mich spüren,
wie unvergessen Lebenswogen sind,
die Einer nur sanft- glättend kann berühren,
oh fühle Ihn, denn du bist doch Sein Kind.

Du leugnetest Ihn schon seit vielen Jahren,
nun sucht die darbend Seele Ihn voll Qual,
nur einmal noch die Gnade zu erfahren,
bleibt dir denn hier und jetzt wohl noch die Wahl?
Ja, denn sie bleibt auf Erden jedem offen,
der flehend Seine Stärke sich erfleht,
der kann auf Seine Gnade hoffen,
der still den Weg der Wege mit Ihm geht.

Die Bank

Wird mir mal wieder alles viel,
der Tag zu menschenvoll und laut,
dann habe ich ein liebstes Ziel,
wo man nur sitzt und ganz still schaut.

Dort unter Buchen steht die Bank,
aus festem Holz dereinst gebaut
einladend an den Waldesrand,
wo man weit über Dörfer schaut.

Die Ruhe fließt durch Feld und Wald,
hüllt mich mit ihren Frieden ein.
Und so gestärkt kann ich schon bald
im Trubel meines Lebens sein.

Hände halten

die irrend die Landschaften

einer Bettdecke erkunden

Tränen trocknen

die holpernd die

Krater und Hügel

der alten Haut durchfurchen

Augen schließen

die im Morgenlicht brachen

Innehalten

Lehn dich an mich

Ich halte dich fest,

solange ich kann.

Es liegt an dir,

mir zu zeigen,

dass du gehen möchtest.

Solange

halte ich dich fest.

Lehn dich an mich

so wie ich mich an dich lehnte.

Ich halte deine Hand

weil du meine

so lange gehalten hast.

Darum

lehn dich an.

Wunderbare Welt

Schauen ist manchmal

wie ein Gebet.

Unermessliche Schönheit

um uns herum.

Schützen wir diese

unsere Welt.

Leben im Lichtermeer des Geschehens

Die Ungeduld weicht der Sehnsucht

Unrast wechselt zum Besinnen

Eile legt sich und ich komme zur Ruhe

Unbesonnenheit sinkt ins Nachdenken

Die Ahnung eines Großen und Mächtigen

gibt mir Kraft und Lebenswillen

Sehen – Erfühlen

Manchmal sehen wir eine Pflanze,
die zuerst völlig nichtssagend erscheint,
doch dann halten wir inne,
weil sie Blüten von solcher Schönheit zeigt,
die uns den Atem rauben.

Ist es nicht auch im Leben
mit den Menschen so?
dass uns mitunter die Schale nicht gefällt,
aber dann treiben die Worte Blüten,
die uns nur erfreuen?

Wald und Wiese

Grüne Wunder

Wald und Wiese

Unsere Lunge

Leben gebend

uns erhaltend

Erhalten wir uns

diese Welt

Der Fluss

Wie ein Band aus blauer Seide
schlängelt er sich durch das Land,
trennt oft Städte, Land und Wälder,
vorwärts strebend, unverwandt.

Mal ein Strom aus flüssig' Silber,
doch berührt von Sonnenstrahlen
schimmert er im gold'nen Feuer
wie es Götterpinsel malen.

Manchmal leise, fast gemütlich
fließt er durch ein sanftes Tal,
treibt er über hohe Berge
dröhnt er laut als Wasserfall.

Hier die Orte der Besinnung,

Schwimmerfreude, Anglerglück,

dort schreckt man dann vor dem Brodeln

schwarzer Tiefen schnell zurück.

Unaufhaltsam, oft Vernichter,

doch auch Leben Bringender,

strebt er vorwärts ohne Halten

und ergießt sich in das Meer.

Trübes Grau

Wenn trübes Grau das Fühlen frostet,
die Zuversicht gefrieren will,
wenn Hoffen alle Kraft mich kostet,
dann geh ich in mich, gläubig still.

Im tiefsten Innern sing ich leise
das Lied vom Leben und ich spür
sehr bald ein Echo, eine Weise,
die neuem Mut öffnet die Tür.

Kalter Hauch ließ mich erbeben,
flieht vor diesem warmen Ton.
Stelle ich mich dann dem Leben,
fliegt die Trübsal still davon.

Erinnerungen

Vergilbte Briefe

Da sitzt sie still und liest in längst vergilbten Briefen
Vergangenheit steigt auf aus fast vergess'nen Zeiten,
ihr ist, als wenn vertraute Stimmen nach ihr riefen,
sie fühlt das Gestern sanft ins Heute gleiten.

Es steigt ein Duft nach Rosen aus den alten Seiten,
Erinnerung weckt Träume, die so lange schliefen
und kann das Hochgefühl von damals neu bereiten:

Da sitzt sie still und liest in längst vergilbten Briefen.

Der alte Spiegel

Der reichgeschnitzte Spiegel meiner Ahnin,

hängt schon seit langem dort an unsrer Wand.

Er schaut mich an mit ihren hellen Augen,

erzählt von Zeiten, die mir unbekannt.

Was sah er schon in jenen fernen Jahren,

Jahrhunderte durchzogen seinen Blick.

Zu gerne würd ich mehr von ihm erfahren,

ach schenkte er ein Schauen mir zurück.

Verschwiegen ist er, doch ich denk mitunter,

dass er mich schelmisch angrinst, dann und wann,

dann beuge ich mich leicht zu ihm hinunter

und frage: "Warum lachst du mich so an?"

Ihr werdet lachen, mich für dämlich halten,

doch höre ich ganz leise, wie er spricht:

"Schau nur nach vorne, da ist jetzt das Leben,

das findest du im Gestern für dich nicht."

Alte Briefe

Die alten Blätter rascheln mürb in meinen Händen,
wenn ich sie sorgsam als Geschichtsbild niederleg,
sortiere, lese, staune über ihr Verwenden
in einer längst vergang'nen Zeit und ich entschweb
in fremde Räume, Städte und auch in Gedanken,
der Menschen, deren Briefe ich gespannt nun las
und leise öffnen sich mir die Jahrhundertschranken.
So Vieles find ich, das man lange schon vergaß.

Von Liebe, Freunden und von Krieg, der Angst entfesselt,
der vielen Menschen nimmt der Heimat Lebensort.
Sie flüchten laufend, fahrend - eh sie eingekesselt.
Der Sehnsucht Lieder tragen sie im Herzen fort.
Ganz liebevoll umfange ich die Post der Ahnen,
behutsam glättend streicht noch einmal meine Hand
die knitterigen und schon sehr vergilbten Bahnen,
auf deren Spur ich die Vergangenheiten fand.

Und in stillen Zeiten

breite ich Erinnerungen aus.

Bedecke mein Heute

mit den hellen und dunklen Stoffen,

die ich mir aus Schmerzen und Freuden

einer vergangenen Zeit gewebt,

mir bewahrt habe,

um sie ab und zu anzuschauen,

ohne mir daraus

einen neuen Mantel zu schneidern.

Das Wehen der Zeit

Manchmal da streift mich

das Wehen der Zeit.

Ich schaue zurück

lasse Bilder erstehen,

die mich im Erleben tanzen lassen,

bemerke voll Erstaunen,

ich fühle mich heute im Herzen

nicht älter als damals.

Nebel - Licht

Immer, wenn wir meinen,

wir finden den Weg

schieben sich die Nebelwände

vor unser Vorausschauen

und blind tasten wir uns voran

der Eine auf einem holperigen Weg

der Andere im schaukelnden Nachen

Doch immer wieder

werden die undurchsichtig

scheinenden Schwaden

durchbrochen vom Licht

Erkenntnis und Erinnerung

Rosen erinnern

Eine Schachtel,

umhüllt mit dem zarten Schleier,

den du einst zu Deiner Hochzeit trugst,

verstaubt, vergilbt,

doch umweht von einem Hauch Du.

Ganz vorsichtig öffne ich

diese deine Erinnerung

und zwei rote Rosen,

dicht aneinander geschmiegt,

fallen in meine Hand.

Ich umwinde sie mit einem Band

und sie erzählen mir ihre Geschichte

von deiner großen Liebe.

Verblasst

Meine Erinnerung
ist wie ein Buch.
Du bist darin ein Bild -
ein wenig verblasst,
fast nicht verknittert.
Bild ohne die Risse,
die in mir blieben.
Sie zeichnen Spuren
durch mein Leben.

Vergangene Zeit

Schlafendes Vergessen
Auferstanden mit Erinnerungen
Nachlass der Vorangegangenen

Vergänglichkeit

Wie war unser Auge trunken vor Farbe,
als des Frühjahrs Blühen wieder begann.
Nun fallen schon die ersten Blätter
der Blüten von Blumen und Bäumen herab.

Doch die Erinnerung an das Kommen und Werden
tragen wir länger im Herzen, als das welke Vergehen.

Leben ruht in der warmen Hand
von Mutter Erde, die uns beschenkt,
doch auch wieder nimmt, damit wir verstehen.

<u>Du – Ich – Wir</u>

Wortlose Versprechen

Wir lassen uns fallen

umarmt von den Düften

des verklingenden Tages

Verwehender Rosenduft

schleicht in unser Fühlen

Pulsierend

Eindringend

die Stimmen der Natur

Irisierende Farben betören

wärmen und locken Verlangen

Wortlose Versprechen strömen

durch die verschlungenen Hände

Vergangen

Vergangen unsere Muschel-Finde-Tage

verwaschen unter gebrochenen Wellen

Brandung malt ein neues Bild

Nur unendliche Weite ohne das Uns

Ich fühle die andere Schönheit der Zeit

Unser Herbst am Meer

Mit dir lebe ich

das Schweigen der leeren Strände

und wir fühlen uns umarmt

vom rotgoldenen Horizont

Wir verfolgen still

dem verwischenden Nebel

und sehen noch die Farbenspiele

so bunt sie der Sommer trieb

Uns bewegt

das Verstummen der Laute

Friedvoller Übergang des Jahres

und die Stille leuchtet in uns

Du

In brechendes Silber,

getauchte Nacht

das Rauschen der Brandung,

klirrende Macht.

Frostmond umhüllt sich

mit milchigem Schein.

In Nächten wie diesen

hüllst du mich warm ein.

Du fehlst mir so sehr

Du fehlst

Wie oft streift das Erinnern meine Seele
und zeichnet mir dein Bild in Himmels Blau,
es flüstert: „Immer wenn ich dir so fehle,
dann höre in den Wind wie heut und schau-

ich will dir helle Wolkenbilder schenken,
wie einst, als wir noch inniglich vereint,
denn nur mit Freude sollst du an mich denken,
wenn deine Seele voller Sehnen weint".

Ich höre Dich in meinem tiefen Sinnen,
auch fühle ich dich fast noch körpernah
und weiß, ich muss alleine neu beginnen,
wie schwer nach all dem Glück, das uns geschah.

Wie sehr fehlt mir dein unbeschwertes Lachen,

versuch in Traumgebilden dich zu finden,

weil doch so oft in nächtebangem Wachen

die Traurigkeit Vergangenes will binden.

Wenn Nebelschwaden aus den Wiesen steigen

und Sonne unser Wolkentor durchbricht,

dann wird sich mir das Weiterleben zeigen,

seh` Zukunftsfreude ich im Hoffnungs- Licht.

Du kommst nie wieder

In meiner Einsamkeit sitz ich, um dir zu schreiben
mein tiefes Sehnen auf ein Blatt Papier.
Der Regen trommelt an die Fensterscheiben,
mein ganzes Fühlen ruft nur noch nach dir.

Im tiefen Herzeleid verstummen unsere Lieder,
die die Natur für uns gesungen hat.
Vergeblich duften Veilchen, Rosen, Flieder,
schon färbt die Jahreszeit ein letztes Blatt.

Mit einem Flüsterhauch füllt sich mein stilles Zimmer,
es klingt in mir leis eine Melodie,
doch in des Tagesausklangs letztem Schimmer
umweht mich dunkle Trauersymphonie.

Noch eine Liebesnacht, mein Wunsch bleibt unerfüllt.
Du kommst nie wieder
und es gibt nichts, das meine Sehnsucht stillt.

Dein Name im Wind

Ich habe deinen Namen in den Wind gerufen,

nun wird er ihn weitertragen durch die Sphären

und er wird ihn singen in seinem Lied für die Sterne.

So wird das Erinnern an dich

als Melodie durch die Ewigkeiten schwingen.

Dein Tod ist die Grenze deines Lebens,

aber nicht das Ende der Liebe.

Du bist es

Du bist die Kraft,

die meine erweckt

du bist der Mut

der meinen entdeckt,

du bist der Halt,

den ich so nie verlier,

du bist die Wärme,

durch die ich nicht frier.

Du bist der Takt,

den das Leben mir gibt,

du bist der Arm,

der bei Kummer mich wiegt.

Du bist der Hauch,

der mich leise berührt,

du bist die Liebe,

die ich in mir gespürt.

An Tagen wie diesen

Ich könnte hell jauchzen,

an Tagen wie diesen,

könnt springen und tanzen

durch Wälder und Wiesen,

die Bäume umarmen,

im See munter toben,

und mit allen Tieren

den Schöpfer froh loben.

In mir

Allein,

aber nicht einsam

zufrieden

gelöst

mit mir allein

Hier im Wald

gelehnt

an meinen Baum

Mutter und Vater

für mich

Genießen

die stillen Stunden

der Besinnung

der Entspannung

der Meditation

So bin ich dir

ganz nah.

Mit jedem Atemzug

sende ich dir

einen Teil

meiner Seele.

Mit jedem Herzschlag

ein Stück von mir

bei dir

Allein

aber nicht einsam

in mir

bin ich

in dir

Entfernung

Berührtest du mich, spürte ich das Feuer

der Sonne, die wir tanzten,

küsstest du mich, wehte der Abendwind

in deinem Atem, so wie wir ihn sangen.

Schließe ich die Augen, trägt deine Liebe

mich auf Wolken, mit denen wir flogen-

immer noch, auch wenn die Entfernung,

die zwischen uns liegt, messerscharf ist.

Brandungslieder

Goldene Lichtbänder tanzen

auf dem Blau der Wellen

die sich mit weißer Gischt krönen

Möwenrufe klingen heiser

und meine Hand ist so leer

ohne die deine

Brandungslieder öffnen mein Herz

dass dich immer noch sucht

Leben und Liebe

Lass uns unsere Träume füllen

mit dem Leben,

das wir gemeinsam führen

lass uns unsere Träume leben,

mit der Liebe, die wir spüren

Lass uns unser Leben lieben

und die Liebe leben

lass uns so miteinander wachsen

dass unsere Wurzeln

einander zärtlich umschlingen.

Lass uns gemeinsam

unsere Seelen zum Singen

und Klingen bringen

auf dass sie sich

in einer süßen Melodie vereinen.

Lass uns zusammen alt werden,

dass wir uns gegenseitig stützen

wenn der Sturm der Jahre

über uns wild und sanft,

auch kalt und warm

hinweggefegt ist.

Und vor Allem

lass uns bis dahin

das Leben und die Liebe

täglich miteinander feiern.

Berührungen

brauchen einen neuen Namen

wenn sie von dir kommen

Umarmungen

geben ein anderes Gefühl

wenn sie mit dir sind

Bett bekommt

eine andere Dimension

wenn du es aussprichst

Ich liebe dich

ist nicht immer das,

was man sehen kann,

du wirst es fühlen.

Ich liebe dich

zeigt sich im Zuhören,

auf die Botschaft zu achten,

um sie zu verstehen.

Ich liebe dich

heißt für mich vergeben,

auch wenn der Kopf

nicht immer vergisst.

Ich liebe dich

und lasse dich los,

denn nur frei

kann ich dich halten...

Vielleicht.

Neuer Anfang

Wie die Kondensstreifen am Himmel
gehen die Bahnen unseres Lebens
nie gerade, sondern überschneiden
und treffen sich,
oft auch immer wieder
mit den gleichen Erleben.

Die Seele befreien vom Ballast der Zeit,
im Spiegelklar des Wassers
das Wahre sehen können,
um einem neuen Anfang
Vertrauen schenken zu können.

Bitte bleib

Bitte bleib ein kleines Weilchen
geh noch nicht ich brauche dich
nimm dir etwas Zeit und halte
mich ein wenig länger fest
lass die Zeit doch weiterziehen
tritt nur einmal aus der Spur
lass uns zu den Sternen fliegen
ausnahmsweise bleib bei mir

Gemeinsam gehen

Ich gehe vor dir
um dir den Weg
bahnen zu können
so wie du für mich

Ich gehe hinter dir
um dich zu fangen
wenn du strauchelst
denn auch du hältst mich

Ich gehe neben dir
denn wir sind halb
ohne den anderen

Ich weine um die Zeit

die ohne ein Uns verstreicht

Erinnerungen

gemeinsam ungelebt

um mein Lachen

das einsam erfriert

weil dein Echo fehlt

Weinen,

um dem Schmerz

Wege zu geben

Gesponnene Träume

gewebt

aus dem Garn

der Sehnsucht

Geflochtenes Wir

gedreht

aus den Seilen

des Vertrauens

Haltender Ring

geschmiedet

mit dem Feuer

der Liebe

Umarmungen

Umarmungen sind

Einladungen

Einladungen

auf Nähe und Vertrauen

Ich lade dich ein

in meinen Armen dich zu fühlen

ich lade dich ein

in meinen Armen mich zu fühlen

Umarme mich

damit ich dich fühlen kann

Umarme mich

damit ich mich fühlen kann

<u>Anderswelten</u>

Anderswelten

Tanzen in die Anderswelten
lachen uns in sie hinein
lieben unter Sternenzelten,
fühlen uns nie mehr allein.

Sehen uns mit and'ren Augen,
jenseits dem, was irdisch ist,
wollen endlich Leben saugen,
das auf Erden wir vermisst.

Lebensrausch im Sonnenglanz,

taumelnd wie ein Schmetterling,

der sogar im Todestanz

leuchtend-gold'ne Sterne fing.

Anderswelten, Anderszeiten,

jenseits der Verstandeswelt,

lassen uns auf Wolken gleiten,

wenn der Lebenswürfel fällt.

Zauberbaum

Im dunklen Wald, sehr gut versteckt,
die Lichtung lag. Im Mondenschein
hab ich sie neulich erst entdeckt,
sie lud mich zum Verweilen ein.

Der alte Baum, umhüllt von Moos,
bot seinen Stamm als Ruhebank,
ich ließ das Alltagsleben los
und schloss die Augen voller Dank

für all die Ruhe, die ich fand.
Doch plötzlich, nein ich irrt` mich nicht,
ich war in einem andren Land,
es schimmerte ein Silberlicht,

die Elfen tanzten dort ganz zart
und Elben reichten mir die Hand,
die Trolle sangen in den Bart
ein frohes Lied, mir unbekannt.

Mit Geige und auf Klarinette
ließ Grillenchor Musik erklingen
und in herrlichem Quartette
hörte ich die Nymphen singen.

Zwerge, Gnome und die Feen
nahmen mich in ihren Reigen,
ließen mich verwundert sehen
Menschenwünsche aufwärts steigen.

Dann ein Einhorn sich mir zeigte,
weiß, mit Zaumzeug leuchtend rot,
zu dem Heimritt leicht sich neigte,
seinen Rücken freundlich bot.

Und am Morgen, augenreibend
glaubte ich an einen Traum,
sitz jetzt lächelnd hier und schreibend
dies Gedicht vom Zauberbaum.

Ich war

der Schmetterling, das scheue Reh,
mal Elfe und auch holde Fee,
war Gemse auf dem hohen Berg,
als Nixe lebt' ich und als Zwerg,

erhob als Adler mich zum Flug,
war Wind, der Wünsche mit sich trug,
die Zauberin auf ihrem Schloss,
der Regen, der die Blumen goss,

Prinzessin auf der Erbse gar
und kämmte mir mein langes Haar,
als ich Rapunzels Namen trug.
Ich war das Kind mit Tränenkrug.

Als Einhorn lief im Schneegewand
ich durch das helle Märchenland,
die Zauberkleider trug ich all,

als Aschenputtel auf dem Ball.
Ich strickte Hemden, völlig stumm
und warf sie dann den Raben um,
verspottete den Drosselbart,
das Leben strafte mich dann hart.

Ich war der Sand am großen Meer,
die Wellen trugen mich umher
als weiße Gischt. Dann war ich Stern.
Den Mann im Mond betört' ich gern.

Als Sonne, hoch am Himmelszelt,
gab Wärme ich der ganzen Welt.
Ich war der Nebel in der Nacht,
als Donner hab ich laut gekracht.

Ich lebte alles, was ich las,
sah durch die Leben, wie durch Glas.
Nichts ist mir jemals zu entfernt,
weil ich das Träumen nie verlernt

Öffne deine Seele

strecke sie dem Licht entgegen

Empfange die Kraft

die in allem Sein liegt

Wasch ab die Schmerzen

und die Qualen des Gestern

in den Fluten des Wassers

dem Ursprung alles Lebens

Wenn Licht dich durchdringt

werden dir neue Kräfte erwachsen

die dich bestehen lassen.

Die Zeit ist da

Wenn das Dunkel
sich immer mehr ausbreitet,
wenn Fragen zu Irrlichtern werden,
die Faust des Schicksals
sich immer mehr ballt,
dann ist die Zeit gekommen,
dem weißen Raben
Einlass zu gewähren.

Krieg und Frieden

Bahnsteig des Leids

Eine kleine Puppe

verschmutzt und zerfetzt

am Bahnsteig der Züge des Leids

Ein brauner Koffer

mit Namensschild dran

am Bahnsteig der Züge des Leids

Ein grauer Hut

zertreten, verdreckt

am Bahnsteig der Züge des Leids

Ein ängstlicher Mensch

gestoßen, geschlagen

am Bahnsteig der Züge des Leids

Die grauen Schornsteine

sind Wegweiser hier

am Bahnsteig der Züge des Leids

Die Puppe

der Koffer

der Hut

und der Mensch

verwehten im Winde der Zeit

Doch die Schornsteine bleiben

in steter Erinnerung

auch der Bahnsteig der Züge des Leids

Keine Kriege mehr

Verklungen sind der Heimat Lieder,
die wir einst tief im Herzen bargen,
weil sie so viel Erinn'rung tragen-
sie gibt kein Mensch uns wieder.

Wo sind die Söhne, Brüder, Väter?
Zum Schutz des Landes ausgezogen,
ums Leben wurden sie betrogen.
Vom Feind benannt als Täter.

Zeigt mir die Mütter, Töchter, Schwestern,
entehrt, geschwängert, oft erschlagen.
Und die, die Kinder ausgetragen,
noch ausgesetzt dem bösen Lästern.

Und Kinder, unser höchstes Gut,

missbraucht, misshandelt, ausgesetzt,

sogar die Hunde drauf gehetzt –

sie schwammen da in ihrem Blut.

Oh wacht doch auf in allen Ländern,

ihr Menschen, lasst es nicht gescheh'n,

was wir in aller Welt noch sehn.

Nur wir, wir können's ändern

Friedenstauben

Heimgekehrt sind müde Tauben,
die den Friedenszweig verloren
in den Bomben jener Mächte,
die sich selbst dazu erkoren,

über Schutt und über Leichen
Herrscher dieser Welt zu werden.
Unterdrückung, Armut, Leiden
überwiegen bald auf Erden.

Lasst nicht die Despoten siegen,
sonst ist für uns alle Nacht.
Reicht einander drum die Hände,
zeigt durch Friedensketten Macht.

Helft den Tauben wieder fliegen,
hoch hinaus ins Himmelszelt,
lasst sie Hoffnungsblüten tragen
über unsre schöne Welt.

Schenkt den Kindern Seifenblasen,

lehrt sie wieder Träume kennen,

Bälle werfen auf den Straßen

oder um die Wette rennen.

Senkt in Augen frohes Strahlen,

dass die Herzen Freude lernen,

Bomben , die die Seelen stahlen,

müssen wir ganz schnell entkernen.

Freiheit, Gleichheit, satter Bauch

sollte doch für Alle gelten,

dann erst zieht das Lachen auch

in die allerärmsten Welten.

Allen Menschen sollte offen-

stehn ein leichtes, freies Leben,

lehrt die Kinder wieder hoffen,

Liebe fröhlich weitergeben.

Leben - Wünsche - Gedanken

Ein Mensch

Ein Mensch liegt dort auf jener Bank,
auf dem sich sonst die Pärchen küssen.
Er starrt vor Schmutz und den Gestank,
wird man ganz einfach dulden müssen,

wenn man ihm Beistand geben will.
Die Haut fast grau, verfilzt das Haar
und die Klamotten aus dem Müll.
Nichts zeugt von dem, der er mal war.

Oh bitte, ja, dreht euch nur weg,
mag es euch niemals so ergehen.
Doch wir, wir bauen einen Steg
voll Mitgefühl und voll Verstehen.

Ich liebe die leisen Töne

Ich liebe die leisen Töne
die Stille und die Einsamkeit
fernab dem Siedetopf der Zeit

Ich atme die sanften Düfte
die Anmut der Natürlichkeit
und ungeschminkte Heiterkeit

Ich lebe die Jahreszeiten
das Sehen der Lebendigkeit
versunken in der Endlichkeit

Ich gehe dann eines Tages
voll Sehnen nach Geborgenheit
vergehend in der Ewigkeit

Lebensherbst

Singend erlebe die Frühlingssonne,

die mich aus dem Kindsein erweckt.

Ich trage den Sommer in mir,

der den Septemberglanz

in meine Haare sprenkelt,

doch der weit wogende Schleier

lässt die Winterbraut schon ahnen.

Erloschen sind die Farben,

die die Augen lebendig hielten.

Weiß tauche ich in das Ende der Zeit,

den Schluss des Wandels.

Und doch höre ich immer noch

die Stimmen der Natur,

rieche die himmlischen Düfte,

fühle voller Verlangen

die Süße der vergangenen Lieben

auf meinen Lippen, meiner Haut.

Berührungen der Vergangenheit

hüllen mich ein.

Kraft und Lebenswille

Leben im Lichtermeer des Geschehens

Die Ungeduld weicht der Sehnsucht

Unrast wechselt zum Besinnen

Eile legt sich und ich komme zur Ruhe

Unbesonnenheit sinkt ins Nachdenken

Die Ahnung eines Großen und Mächtigen

Gibt mir Kraft und Lebenswillen

Nebellieder will ich tanzen

Schleier um die Schultern tragen

Licht in meine Haare flechten

winterweiß die Tage singen

Schnee und Kälte freudig trotzen

ofenwarm in meinem Haus

Flocken kussheiß schmelzen lassen

lippendurstig Haut an Haut

Lieben anders leben

Singend erlebe ich die Frühlingssonne,

die mich aus dem Kindsein erweckt

und staunend den Lebensweg gehen lässt

der so viele unverhoffte Windungen zeigt.

Ich trage den Sommer in mir,

der den Septemberglanz

in meine Haare sprenkelt,

doch der weiß-wogende Schleier

lässt die Winterbraut schon ahnen.

Erloschen sind die Farben,

die die Augen lebendig hielten.

Grau tauche ich in das Ende der Zeit,

den Schluss des Wandels.

Und doch höre ich immer noch

die Stimmen der Natur,

rieche die himmlischen Düfte,

schmecke voller Verlangen

die Süße der vergangenen Lieben

auf meinen Lippen, meiner Haut.

Berührungen der Vergangenheit

hüllen mich liebend ein.

Es wird so ein Leichtes,

das Hier loszulassen

um neues Lieben anders zu leben.

Nur noch einmal...

Wie gern würd' ich noch einmal barfuß laufen
durch Wiesen rund um den See,
von Hügeln mich rollen, mit Schlammwasser taufen,
den Engel drücken in Schnee.

Ach könnt' ich mal wieder die Fluten durchreiten,
wie einstmals am Ederfluss,
um Murmeln mich mit den Freunden fast streiten,
erleben den ersten Kuss.

Mit Händen am Ufer Forellen einfangen,
will schreien, so laut, wie ich mag,
den Titel des obersten Häuptlings erlangen
für einen Gold- Ferientag.

Ich möchte von Herzen gern Ziegen hüten,
die Blaubeeren suchen im Wald,
mit Tante die bunten Pastillen eintüten
und lauschen, wie's Echo dumpf hallt.

Wie früher würd' ich die Kaulquappen zählen,
auch wenn es doch niemals gelingt,
bei Oma eng kuscheln und Hefte auswählen,
die zu Hause verboten mir sind.

Ach könnte ich über die Zäune springen,
Maikäfer sammeln im Glas,
die Bäume erklettern und voller Kraft singen,
oder einfach nur liegen im Gras.

Ich sitze jetzt hier, seh den Wolken still nach,
und fühle mich wunderlich frei.
Ganz leise klingt noch das Erinnerungslied -
Es war einmal und nun ist es vorbei.

Im Rad der Zeit

Wer dreht für mich das Rad der Zeit,
wer lässt mein Leben so schnell fliegen?
Mein Weg durch die Unendlichkeit
wird Raum und Stunden einst besiegen?

Geboren aus der Ewigkeit
entstanden in dem Staub der Sterne,
gefallen in das Erdenkleid.
Das Wissen liegt in weiter Ferne.

Wir laufen in dem Rad der Zeit,
und fragen, was wird sie uns bringen.
Für Jeden steht ein Licht bereit,
solang wir um Erkenntnis ringen.

Und ich träumte den Traum

flog so hoch

war so leicht

Das Erwachen ließ mich fallen

doch ich entdeckte

meine inneren Flügel

schwang mich empor

aus der Düsternis

der vergangenen Tage

in das Licht

des Michbegreifens

Stillstand

Verhängte Fenster, Himmelsgrau

Menschen, die nur stille stehn.

Alltagstrott, der mich so lähmt,

Gedankenlos und leer der Tag.

Und so ist es an der Zeit,

um es endlich bunt zu treiben,

Eintönigkeit mal zu entfliehen,

das zu öffnen, was verschlossen,

Vortänzer meines Lebens zu sein.

Spuren

Wer findet meine Spuren,

geprägt im Lebenssand,

wer sammelt die Gedanken,

die ich für mich einst fand?

Die Spuren meines Lebens

entschwinden in der Nacht,

von Wellen weggewaschen,

noch eh der Tag erwacht.

Vergänglichkeit

Haus

deine Augen sind gebrochen

und dein Körper

zerfällt im Ringen der Zeit

Einst gefüllt

mit Lachen und Tränen

Heute verwehen

die Spuren der Emotionen

geben dem Wandel Raum

Worte und Glas

Sieh, wie sie schillern,

doch sie können auch

sehr verletzend,

schneidend sein.

Wir gestalten sie,

tauchen sie,

färben sie

mit bunten Farben,

Worte und Glas.

Zuhause in Spanien

Betört von dem Duft der Hyazinthen

in den Augen das Leuchten der Tulpen

im Herzen die Finger der Sonne

die Wärme- und Farben- gebend kost

Verwöhnt vom Mandelblütenrausch

und porzellanzarten Magnolien

folge ich dem leuchtenden Blattgrün

stehe unter wolkenlos flirrendem Himmel

glückschwer am Meer des Südens

Abertausend funkelnde Perlen

der hoch aufspringenden Gischt

rufen mir zu:

Du bist ZUHAUSE

Geschenk

Das Leben ist für mich ein Geschenk,

ein Geschenk, das Ihr mir immer wieder macht,

denn Ihr zeigt mir, dass Ihr mich wahrnehmt,

dass mein Denken und Schreiben Euch berührt

oder wenigstens innehalten lässt.

Das ist so viel, dass ich mir wünsche,

dass ich auch genügend Zeit aufbringe,

um dieses Geschenk weiterzugeben,

weiterzugeben auch an Jene,

die sonst Niemanden haben,

der sieht, hört, versteht, berührt.

Elfenschwestern, Schmetterlinge

tanzen unbeschwert im Wind,

laben sich am Sonnenfunkeln

teilen Honigküsse aus.

Zartbeflügelt, seidig- schimmernd,

unermüdlich, sommerselig,

bis das nimmermüde Schweben

endet, wenn der Sommer geht.

Mein Ruf

Ich habe deinen Namen in den Wind gerufen,

nun wird er ihn weitertragen durch die Sphären

und er wird ihn singen in seinem Lied für die Sterne.

So wird das Erinnern an dich

als Melodie durch die Ewigkeiten schwingen.

Dein Tod ist die Grenze deines Lebens,

aber nicht das Ende der Liebe.

Vertrautes

Ich suche das vertraute DU

in den rollenden Wellen,

die den Saum des Landes küssen.

Möwenschreie zerkratzen

das sanft rauschende Jetzt

und krallen sich

in mein Sehnen.

Leere, ausgestreckte Hand

zwischen goldenem Sand

und der blauen Weite.

Abschied am Meer

Diese wunderbaren Momente

setzen warme Schatten

und Horizont zerfließt im milden Licht

Herbsalzig schleicht sich das Meer

in mein Bewusstsein

mischt sich unter die üppigen

Düfte der Reife

Mein Herz folgt

dem Flug der grauen Schar

und die Dünen wandern

unter meiner fühlenden Hand

Dunkle Nachricht

Es wurde so dunkel trotz Sonne im Tag
der Himmel verhängte sich grau
es deckte die Erde mit Asche das Grün
die Farbe der Bäume verschwand

Der Vögel Gesänge verklangen im Wald
die Nachricht trug gellenden Hall
sie ließ meine Seele schmerzblutend zurück
und Tränen gerannen zu Stein

Ach, nimm mich mit

Nebelfrauen tanzen,
werden verschlungen
von gierigen Sonnenlippen,
die Horizont und Natur durch ihren Kuss
in rotgoldenen Farbenrausch tauchen.

Lass mich taumeln und tanzen mit dir
zum Lied des Windes.
Herbstverliebt, buntes Blatt,
schwebst du ohne mich weiter
und mir bleibt die Sehnsucht.

Ich wünsche dir eine Hand

Ich wünsche dir eine Hand,

die dich immer dann führt,

wenn du nicht mehr weißt,

wohin du gehen sollst,

eine Schulter zum Anlehnen,

wenn du allein nicht stehen kannst,

ein offenes Ohr, das hinhört,

wenn du mit jemandem reden musst.

Ich wünsche dir

ein Lachen, das dich empor hebt,

wenn du in einem Meer

von Tränen untergehst,

zwei starke Arme,

die dich schützend halten,

wenn du vor jedem Schritt

durch das Leben Angst hast.

Ich wünsche dir

ein Herz, das dir leuchten kann,

wenn du kein Licht mehr siehst,

Worte, die dich trösten,

wenn du durch Seelenqualen gehst,

dein Leben dir sinnlos erscheint,

du unendlich traurig

und ohne Hoffnung bist.

Ich wünsche dir

einen Menschen,

der dich so liebt wie du bist,

und den du auf deine

besondere Art lieben darfst,

denn dann erfüllt sich

deine tiefste Sehnsucht.

Nachwort

Mein Ich gehört dem Sein,

dem Werden und Vergehen,

mit Allem, was dazu gehört.

Mein Trachten war immer,

Liebe zu lehren und zu geben.

Ich bin ein Mensch mit Fehlern

und so misslang mir sicher

auch mitunter mein Streben.

Seht es mir nach und entschuldigt,

wenn ich auch mal verletzte.

So möchte auch ich denen vergeben,

die mich bewusst verletzt haben,

Lügen über mich verbreiteten.

Wir sind hier,

um zu lernen.

Ich versuche es an jedem Tag aufs Neue.

Flora von Bistram –

Jahrgang 1949, aufgewachsen im Sauerland, lebt jetzt in Hildesheim/ Niedersachsen. Seit 1979 als Heilpraktikerin niedergelassen.
Bücher (1989-1997)Licht und Schatten; Sternenjunge 1-5; Mareike 1-3; Eiszeit;
Lebensscherben; In der Stille; Auf den Flügeln der Nacht; Halt die Zeit an; Komm näher
In mehreren Ausgaben der Anthologien EREMITAGE vom Peter Valentin Verlag in Ludwigsburg erschienen Gedichte und Geschichten; Im Weihnachtsbuch für Erwachsene I sowie im Jahresbuch 2007 vom Mohland Verlag erschienen Beiträge;
Mitglied im Verein „Respekt Für Dich"; an den Büchern „Jedes Wort ein Atemzug" im Karinaverlag mitgeschrieben
2014 Preisträgerin im Hildesheimer Lyrikwettbewerb
Bloggerin: www.floravonbistram-gedichte-lyrik.blogspot.de
Homepage: http://nachtfluege.de

Inhalt